GUIDE

DE L'ÉLECTEUR

MOYEN D'ARRIVER AUX PROCHAINES
ÉLECTIONS A UNE FORME GOUVERNEMENTALE
QUI FERA LES RÉFORMES VAINEMENT DEMANDÉES JUSQU'A
CE JOUR PAR L'OUVRIER ET LE PAYSAN, PAR
LE PETIT EMPLOYÉ ET PAR LE
COMMERÇANT.

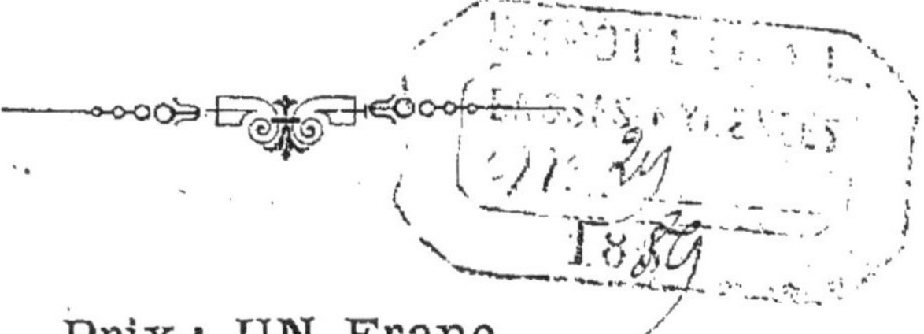

Prix : UN Franc.

PARIS

RRESPONDANCE GÉNÉRALE, 9, RUE LÉONTINE

— 1889 —

GUIDE

DE L'ÉLECTEUR

MOYEN D'ARRIVER AUX PROCHAINES
ÉLECTIONS A UNE FORME GOUVERNEMENTALE
QUI FERA LES RÉFORMES VAINEMENT DEMANDÉES JUSQU'A
CE JOUR PAR L'OUVRIER ET LE PAYSAN, PAR
LE PETIT EMPLOYÉ ET PAR LE
COMMERÇANT

Prix : UN Franc.

PARIS

CORRESPONDANCE GÉNÉRALE, 9, RUE LÉONTINE
— 1889 —

LE
GUIDE DE L'ÉLECTEUR

MOYEN D'ARRIVER AUX PROCHAINES
ÉLECTIONS A UNE FORME GOUVERNEMENTALE
QUI FERA LES RÉFORMES VAINEMENT RÉCLAMÉES JUSQU'A
CE JOUR PAR L'OUVRIER ET LE PAYSAN, PAR
LE PETIT EMPLOYÉ ET PAR LE
COMMERÇANT

—————— ✱ ——————

CONCITOYENS,

De même qu'un philosophe cherche à diriger l'esprit humain vers les fins suprêmes, le vrai, le beau et le bien, de même je vais tâcher de vous faire comprendre où sont ce vrai, ce beau et ce bien, dans la politique.

Tous vous savez qu'il n'y a que deux véritables formes de gouvernement : l'une la Monarchie, l'autre la République.

Qu'est-ce qu'une monarchie, qu'est-ce qu'une république ? Que s'est-il passé en France durant l'existence de ces deux formes de gouvernement ? Voilà ce que nous devons étudier avec soin afin de pouvoir, aux prochaines élections, en 1889, porter dans l'urne un bulletin de vote digne de notre progrès et de notre civilisation.

D'abord, parlons de la monarchie puisque c'est le premier gouvernement qui ait existé en France.

Deux sortes de monarchie ont régné dans notre pays jusqu'à ce jour : la monarchie absolue, qui commence presque avec l'ère chrétienne et qui dure jusqu'en 1789, environ quatorze siècles, et la monarchie constitutionnelle qui est venue depuis la Révolution.

LA MONARCHIE ABSOLUE

Un monarque absolu commandait à lui seul tout un peuple et personne n'avait le droit de contrôler sa manière d'agir.

Est-ce là une forme de gouvernement qui convient à la nation française si jalouse de sa liberté ?

Un simple résumé de ce qu'ont fait les monarques absolus vous fera comprendre si vous devez voter pour les faire revenir.

Les premiers rois de France avaient des amis et des courtisans ; ils leur donnaient des terres et des titres de noblesse ; c'est de là que sont venus les marquis et les ducs, les comtes et les seigneurs, qui bientôt turent répandus dans chaque ville et même dans chaque village.

Tous ces protégés étaient autant de petits

maîtres qui, malgré le roi lui-même, firent, dans la suite, tomber sur le peuple, sur nos ancêtres leur despotisme et leur cruauté. Les citoyens qui à cette époque n'étaient pas de la caste privilégiée qu'on appelait la noblesse, n'avaient que deux noms aussi humiliants l'un que l'autre : ou ils étaient des manants ou des roturiers.

Le lecteur ayant entendu dire par ses aïeux ce que souffrait le pauvre du temps des seigneurs, je crois pouvoir passer sans m'arrêter sur ce point.

Après de longues années, à force de batailles et de sang versé, les rois parvinrent pourtant à se faire obéir par ces petits-maîtres dans toutes les parties du royaume.

Depuis ce moment les guerres contre l'étranger, les guerres civiles et particulièrement les guerres de religion furent très fréquentes en France.

Le roi était maître absolu, aussi n'avait-il qu'à dire un mot, et pour un rien, la guerre était déclarée à une puissance voisine, et des milliers d'enfants du peuple payaient de leur vie ce *cher mot* prononcé par le monarque.

Le roi était maître absolu, aussi n'avait-il qu'à signer un arrêté contre les protestants, pour qu'on leur fît la chasse comme à des fauves, pour que leurs biens fussent confisqués et pour qu'on les fît périr de la plus cruelle mort.

Quel crime ces pauvres diables avaient-ils commis ? Aucun ; mais ils étaient protestants et le roi n'admettait pas le protestantisme en France.

Que résultait-il de ces guerres intérieures et extérieures ? — La misère. Mais la misère pour qui ? Pour nos ancêtres, pour le peuple condamné à de rudes labeurs, à se couvrir de haillons, à se nourrir de pain noir et de pain de paille et à faire la sourde oreille quand on se servait à son égard de ces insolentes épithètes : tu n'es qu'un roturier, tu n'es qu'un manant.

Les rois et les nobles pensaient à cette époque, sans doute, que le peuple devait jouer pour eux le même rôle que jouent aujourd'hui pour nous les animaux domestiques ; ils pensaient que c'était leur droit d'avoir pour esclaves des hommes moins privilégiés qu'eux, il est vrai, mais nés pour jouir de cette même lumière que nous appelons la Liberté.

Ah ! me direz-vous, pourquoi nos ancêtres sont-ils restés plus de mille ans dans cet ignoble état ? — Que ne se sont-ils révoltés, que n'ont-ils égorgé leurs tyrans, brûlé leurs châteaux, et condamné à mort les monarques audacieux qui toléraient cette conduite ?

Messieurs, je dois vous le dire, car l'histoire nous l'apprend : si le peuple d'alors a subi son triste sort sans coup férir, on ne peut attribuer son silence qu'à deux causes principales qui sont l'ignorance et la religion.

D'abord l'ignorance : A cette époque, dit un célèbre chroniqueur, l'instruction n'était donnée qu'aux enfants nobles ; le peuple ne savait ni lire ni écrire et ne pouvait par conséquent imbiber son esprit des idées d'indépendance et d'égalité que commençaient à traiter de grands écrivains.

Le roi et la noblesse savaient bien qu'un peuple est grand quand il sait lire, que quand il sait lire un peuple est fort ; le roi et la noblesse savaient encore que leur règne finirait et que le châtiment de leur despotisme arriverait le jour où le peuple recevrait l'instruction et voilà pourquoi roi et noblesse s'obstinaient à maintenir nos ancêtres dans l'ignorance.

Vient ensuite la religion : Le clergé, vous

le savez, hérita dans chaque commune, en même temps que les nobles, d'un petit domaine qui porte encore le nom de cure.

Le clergé était issu de la noblesse et protégé par elle; il devait évidemment la soutenir. Aussi profitait-il de la croyance du peuple pour l'exploiter. On entendait souvent sortir de la bouche des prêtres ces phrases propres à abuser nos ancêtres ignorants : « Il faut mes chers frères, imiter notre Seigneur Jésus-Christ. Il faut souffrir sur la terre et bénir les mauvais traitements. Il faut vous soumettre à la volonté de Dieu pour gagner le ciel. »

Le peuple, en entendant ce langage sorti de la bouche de représentants divins, pensait que sa vie devait être toute de sacrifices, de souffrances et de privations; il ne croyait même pas avoir droit à un jour de fête durant l'année entière, pendant que les nobles ne craignaient pas de mériter l'enfer en vivant dans des plaisirs illicites du premier de l'an à la Saint Sylvestre.

Tel était, messieurs, le régime de notre France, quand apparut le roi du Béarn, Henri IV, le seul monarque pour ainsi dire, qui ait jusqu'alors voulu comprendre que les hommes du peuple étaient véritablement des hommes et non des bêtes de somme.

Dès qu'Henri IV fut maître de toute la

France, il s'attacha à faire règner la paix dans le royaume, à y détruire le despotisme, à y favoriser le commerce, l'industrie et l'agriculture ; et certes, si le fanatique Ravaillac ne l'avait enlevé prématurément par un assassinat, il aurait achevé ce qu'il avait si bien commencé : l'indépendance et le bonheur du peuple.

Ce roi avait donc amélioré le sort des citoyens et c'est pour cela que ceux-ci comprirent alors qu'ils n'étaient pas nés tout-à-fait pour souffrir. Aussi quand les successeurs d'Henri voulurent de nouveau l'assujettir, le peuple poussa de hauts cris et osa revendiquer ses droits.

Mais, loin d'écouter sa voix, les monarques faisaient de folles dépenses, doublaient les impôts et se vautraient dans les plaisirs, dans le Par aux Cerfs composé des plus belles filles du royaume, fleurs pures. que des intendants particuliers allaient cueillir dans la province pour amuser le souverain.

Le peuple comprenait pourtant qu'il était le jouet du roi et de la noblesse. Voltaire et Jean-Jacques Rousseau avaient laissé des œuvres philosophiques et démocratiques à la fois qui devaient finir de l'éclairer ; aussi, le vit-on, en 1789, se lever tout à coup, et, d'esclave qu'il était depuis que la France existait, se poser comme juge impitoyable et condamner à la mort ou au bannissement, le roi, la noblesse et le clergé, tous ceux, enfin, qui si longtemps l'avaient rendu malheureux.

De même qu'une personne affamée dévorerait la nourriture qui s'offrirait à sa vue, sans calculer le mal que cette absorption subite pourrait lui faire, de même le peuple, souffrant depuis des siècles, fit quelques excès en se trouvant subitement le maître de ceux qui ne l'avaient point ménagé.

S'il y eut des injustices et de la cruauté pendant la Révolution de 1789, on doit attribuer tout cela à une grande joie qui rend fou et dès lors les mauvais actes accomplis sont excusables. C'est à la Révolution que nous devons, d'ailleurs, la disparition de la Monarchie absolue qui n'avait pas compté plus de trois rois désireux de faire le bonheur du peuple sur plus de *cent* monarques qui avaient régné en France.

Pour finir de vous édifier sur cette forme de gouvernement, je résumerai les principaux abus qui en étaient l'âme.

Tous les pouvoirs émanaient du roi ; il

faisait les lois ; il distribuait les charges et les emplois. Il entretenait une cour qui coûtait à la France plus de la moitié des revenus.

Au moyen des lettres de cachet le roi et la noblesse faisaient enlever ceux qui les gênaient et, sans aucune forme de jugement, les jetaient dans les cachots de la Bastile et des autres forteresses de l'Etat.

Souvent on les y oubliait et personne ne pouvait dire pourquoi ils avaient été arrêtés. On vit un innocent, Latude, jeté à la Bastille par les ordres de madame de Pompadour et y rester oublié pendant 35 ans.

Sous Louis XV on pouvait avoir des lettres de cachet à prix d'argent et il n'en coûtait plus que 25 louis pour faire arrêter quelqu'un. Cent cinquante mille de ces lettres furent distribuées sous son règne.

Même sous Louis XVI, les temps les plus doux de la monarchie obsolue, on en lança encore quatoze mille : c'était une cruelle manière d'augmenter le budget des recettes et un moyen commode de faire disparaître ses ennemis ou les opposants en politique.

Il n'était pas permis d'instruire le pleuple au moyen des journaux.

Les protestants n'avaient pas le droit d'aspirer aux emplois publics ; un grand nombre furent même envoyés aux galères.

La taille, la dîme, les aides, la gabelle, les corvées, le droit de banalité et les autres droits féodaux pesaient lourdement sur le peu_ple. On a calculé que le paysan avait à payer, tout compris, environ 81 pour 100 sur les produits de sa terre.

Dans l'armée, les grades étaient réservés aux nobles et les nobles seuls encore pouvaient arriver aux dignités ecclésiastiques.

L'agriculture épuisée, découragée, ne pouvait nourrir les habitants ; aussi les famines furent nombreuses pendant que de grandes étendues de terrain restaient sans culture

Tous ces abus et l'animosité qui régnait dans le peuple faisaient dire à Voltaire : « Tout ce que je vois jette les semences d'une révolution immanquable que je n'aurai pas le loisir de voir. La lumière s'est tellement répandue de proche en proche dans notre peuple, qu'on éclatera à la première occasion, et alors ce sera un beau tapage. Les jeunes gens sont bien heureux, ils verront de jolies choses. »

Voltaire ne s'était pas trompé ; et pourquoi s'étonner que des rois dont on ne put jamais arrêter les mauvais penchants aient commis les plus grandes fautes et rendu le peuple malheureux ?

A bas donc la monarchie absolue et la candidature des députés qui voudraient la rétablir en France !

LA MONARCHIE CONSTITUTIONNELLE

Un monarque constitutionnel ne devait pas à lui seul commander tout un peuple, car une Chambre des députés unique et permanante, dont les membres étaient nommés par le suffrage restreint du peuple, devait avoir l'initiative des lois. Le roi devait les accepter et ne pouvait en cas de refus que les suspendre pendant un certain temps.

C'eut été un grand pas en avant dans l'intérêt du peuple, parce que ses représentants devaient commander et les rôles du roi se bornaient à faire exécuter les désirs de la majorité de la nation.

Mais cela fut-il mis en pratique ? — Non, il s'en fallut.

En jetant quelques regards sur les règnes des rois constitutionnels, Louis XVIII, Charles X et Louis-Philippe, qui ont paru en France, nous pourrons juger ce qu'on peut attendre d'une pareille forme de gouvernement.

Louis XVIII en montant sur le trône publia une ordonnance qui bannissait de France les généraux et les hauts fonctionnaires de Napoléon Ier.

Il faisait passer devant un conseil de guerre et condamner à mort, le brave maréchal Ney, Labédoyère, le général Chartran, les frères Faucher (de la Réole), Drouot, Cambronne, Mouton Duvernet et tant d'autres dont les noms sont consignés dans l'histoire pour flétrir à jamais la mémoire de ce roi inique, de ce roi assassin.

Quel était le crime de ces grands généraux ?

Ils avaient salué avec joie le retour de Napoléon, ce grand génie, ils avaient été heureux de revoir celui qui les avait conduits à travers toute l'Europe et rendus vainqueurs au milieu des champs de bataille ; est-ce qu'il ne méritait pas un pareil attachement ?

Des bandes de brigands comme celle des Verdets, des Trestaillon, de Truphémi, de Servan parcouraient le midi de la France, et massacraient tous ceux qui étaient reconnus républicains ou bonapartistes. Brune et Ravel furent assassinés, et le roi semblait encourager pareils massacres; ce qui le prouve d'ailleurs, c'est qu'il ne punit ni les chefs de bande ni les assassins.

Quelque temps avant de mourir, Louis XVIII fit encore condamner à mort le colonel Caron et le général Berton, il n'épargna pas non plus les quatre sergents de la Rochelle qu'il fit fusiller parce qu'ils furent accusés d'être affiliés à une société secrète.

Ce roi avait semé la terreur dans son royaume mais le peuple bénit le jour qui le vit mourir.

Charles X monta sur le trône en 1824 et signala le début de son règne en publiant une ordonnance qui obligeait 150 officiers du grand Napoléon à quitter l'armée, et en promulgant une loi qui accordait un milliard d'indemnité aux nobles qui avaient émigré à l'étranger pour le susciter contre nous.

C'est ainsi que les nobles, émigrés, recevaient des récompenses pour nous avoir trahis et que les officiers de Bonaparte étaient punis pour être restés trop fidèles au drapeau Français.

Après avoir fait une loi qui condamnait à mort toute personne qui volait dans une église, après avoir dissout la Chambre qui ne partageait pas sa manière de voir, Charles X eut la douleur de voir le peuple élire 270 opposants à sa politique au lieu de 221 qu'il y en avait auparavant. Furieux de trouver des entraves à son despotisme, il voulut faire un coup d'Etat en signant les fameuses ordonnances de juillet 1830 qui prononçaient une nouvelle dissolution de la Chambre des députés et supprimaient la liberté d'écrire dans les journaux. Aussitôt des barricades s'élèvent dans les rues de Paris et, après trois jours de combat, le peuple vainqueur redevient son propre maître, mais Charles X, le second roi constitutionnel, est obligé de quitter la France à jamais et de chercher un refuge en Angleterre.

Louis-Philippe succéda à Charles X et fut le seul roi véritablement constitutionnel. Il aimait le peuple et fit quelques bonnes réformes en sa faveur ; mais en 1848 tout le monde n'avait pas le droit de voter ; il fallait payer 200 fr. d'impôts pour participer aux élections des députés.

Le peuple ne voulait plus être, enfin, une classe délaissée ; de même qu'il prenait part à la défense nationale, de même il voulait prendre part au vote et exigeait le suffrage universel.

Louis-Philippe et son ministre Guizot ne voulurent pas écouter sa voix, aussi la Révolution éclata et ce roi dut, comme son prédécesseur, se réfugier en Angleterre où il mourut.

Que résulte-t-il des règnes de ces trois mo-

narques constitutionnels, si ce n'est que les
deux premiers furent aussi despotes et plus
méchants que les monarques absolus, qu'ils
détestèrent le peuple et que tous craignirent
son suffrage puisqu'ils le lui refusèrent.

En somme la monarchie constitutionnelle
a fait tout pour redevenir absolue et si elle
n'a pu y parvenir elle a du moins empêché
toute sorte de progrès et montré par ses
actes que cette forme de gouvernement est,
de même que l'absolutisme, bannie à jamais
de notre pays.

Maintenant, vous, hommes du peuple, qu'on
appelle royalistes, dites-moi ce que vous at-
tendez de ceux qui vous détestèrent toujours?

Ah! ne vous laissez au moins pas subju-
guer par ces promesses trompeuses que vien-
nent vous faire les candidats royalistes quand
ils aspirent à la députation ; eux seuls s'il venait un roi, seraient récompensés, mais vous
et vos frères ne pourriez que verser des lar-
mes de rage et de regret.

Ecoutez un enfant du peuple, qui n'a, lui,
aucun intérêt à vous tromper, mais qui dé-
sire ardemment voir les ouvriers, les paysans
et les petits commerçants des campagnes
s'unir aux idées des ouvriers et des commerçants des villes, parce qu'alors, au lieu de re-

cevoir du gouvernement des réformes qui vous sont peu ou pas du tout profitables, vous n'auriez qu'à commander et Messieurs les députés, devenus vos très humbles serviteurs, s'empresseraient de déposer à la Chambre haute vos justes réclamations.

Que des nobles et certains bourgeois aspirant à la particule *de* travaillent avec acharnement à faire revivre la royauté, je le comprends, car ils ont tout intérêt à ce que cela arrive. Mais qu'un enfant du peuple se laisse tromper et aille jeter dans l'urne un bulletin pour faire revivre des principes qui mirent dans l'esclavage nos vieux pères, voilà ce que je ne peux admettre, car pour agir de la sorte il faut avoir perdu la raison ou ne jamais avoir lu l'histoire.

A bas donc la royauté, et quand un candidat réactionnaire viendra vous demander la voix, répondez carrément: « Monsieur, nous savons ce que nous avons à faire, nos ancêtres furent victimes de la tyrannie des vôtres assez longtemps pour que nous osions aujourd'hui aspirer à nous gouverner nous-mêmes; et si par hasard vous étiez à son service promettez votre voix mais ne la donnez-pas ?

L'EMPIRE

Les Bonaparte qui ont donné à la France une autre forme de gouvernement qui d'ailleurs ne diffère nullement de la monarchie chie constitutionnelle, ont régné deux fois en France.

D'abord ce fut Napoléon 1ᵉʳ, depuis 1804 jusqu'à 1814, et plus tard Napoléon III, de 1852 à 1870.

NAPOLÉON Iᵉʳ. — Le premier Bonaparte, après s'être rendu populaire en France par ses actions d'éclat, après avoir remporté plusieurs victoires en Egypte et en Italie fut nommé commandant de l'armée de Paris en 1799. Premier consul bientôt après, il fit beaucoup d'efforts pour désarmer tous les partis : « Qu'il n'y ait plus, disait-il, ni Jacobins, ni modérés, ni royalistes ! Qu'il n'y ait plus que des Français. »

Il signa plusieurs mesures de clémence et voulut ainsi faire oublier le passé.

Il fit travailler activement au code civil, au code d'instruction criminelle, à la réorganisation des finances.

Il établit le concordat qui donnait aux écclésiastiques des traitements comme aux autres employés de l'Etat.

Il créa la Légion d'honneur pour récompenser les services militaires et civils.

Peu après Bonaparte déclara la guerre à l'Autriche qui fut battue par nos généraux, mais comme son nom était seul populaire, la gloire de ces victoires lui fut entièrement acquise et sa renommée fut connue dans les plus petites bourgades. Aussi quand il fit le coup d'état, en 1804, fut-il nommé empereur par trois millions et demi de voix contre deux mille cinq cents.

Jusqu'à ce jour Bonaparte avait rendu de grands services à la France, tant au dedans qu'au dehors.

Lavallée, un grand historien, dit en parlant de ce consulat : « Pendant que la France atteignait par les traités de Lunéville et d'Amiens, la plus haute position politique, elle prenait à l'intérieur un aspect tout nouveau de prospérité. On voyait se développer avec la renaissance de l'ordre, les immenses bienfaits de la Révolution.

« L'agriculture, cette âme de la République, » avec la terre devenue libre et morcelée entre des mains laborieuses, doublait les richesses du sol ; l'industrie avait enfanté des merveilles par les applications de la chimie, cette science toute française. Le génie de Bonaparte se montrait de même dans les

travaux de la paix que dans ceux de la guerre:
il visitait les manufactures, rétablissait les
expositions des produits de l'industrie, pro-
posait des prix pour les machines ; il faisait
ouvrir le canal de St-Quentin, il applanissait
les Alpes par la route gigantesque du Sim-
plon ; il réorganisait les bibliothèques, les
musées et les établissements d'instruction
publique. »

Napoléon surnommé le Grand était in-
contestablement un génie ; il fit, durant son
consulat, le bonheur de la France, mais de-
venu empereur il eut un pouvoir presque
absolu, car il avait fait une constitution à sa
guise et s'était bien gardé d'accepter que des
représentants du peuple pussent mettre un
frein à son ambition démésurée.

Il fit d'abord la guerre à l'empereur d'Autriche et au Czar de Russie ; il les battit à
Austerlitz ; bientôt il anéantit les armées du
roi de Prusse et entra vainqueur à Berlin.

Non content de tous ces exploits il décréta le blocus continental qui fermait tous
les ports de l'Europe au commerce Anglais.

De là un mécontentement général et Napoléon dut tenir tête à toutes les nations coalisées.

Malgré tout son talent, malgré tout son génie, il devait alors succomber accablé par le nombre; ce n'était plus qu'une question de temps.

A cette grande faute du blocus continental il en ajouta une autre, celle de donner, dans chaque contrée vaincue, à ses amis et ses parents une couronne enlevée à des souverains légitimes.

Tout cela exaspéra les ennemis qui dès lors ne rêvèrent que haine et vengeance; malheur à Napoléon.

Oui malheur à Napoléon! mais malheur surtout à cette jeunesse innocente, à ces braves soldats qui périrent au nombre de plus d'un million pour tenter en vain de relever ces deux fautes commises par un empereur trop ambitieux!

Oui, malheur à Napoléon! mais malheur surtout encore à ces miliers de familles qui votèrent, d'un commun accord, leur confiance absolue en cet homme qui les plongea bientôt dans le deuil et dans le regret!

Oui, malheur à Napoléon! mais malheur surtout, enfin, à la France, qui de tant d'exploits netira que la misère, la douleur et la mort de ses enfants!

Que faut-il conclure de ce règne incomparable, si ce n'est que Napoléon Ier a fait des prodiges qui le font avantageusement rivaliser avec les plus grands conquérants du monde mentionnés dans l'histoire ; mais que faut-il aussi en conclure, si ce n'est que les électeurs dûrent maudire longtemps les suffrages qu'ils avaient émis pour le nommer empereur.

Pensez-vous qu'après les premières victoires, si on avait interrogé le peuple et demandé son opinion sur les deux grandes fautes commises par Napoléon, pensez-vous, dis-je, que le peuple, que les pères de famille auraient voulu sacrifier leurs enfants en pure perte, et n'auraient pas préféré, à ce deuil désastreux, une paix qui avec Bonaparte eut toujours été profitable et glorieuse ?

Le règne de Napoléon Ier nous fait voir qu'un homme peut être un grand génie, mais qu'il a toujours quelque mauvais penchant, et

que si un peuple sait tirer parti de ce génie et mettre un frein à ce mauvais penchant, ce peuple deviendra fort et glorieux.

Mais pour en arriver là, Bonaparte devait rester grand général et ne jamais devenir empereur.

Il devait rester le serviteur et non devenir le maître du peuple français.

Napoléon III. — L'histoire intérieure du règne de Napoléon III peut se diviser en deux périodes: pendant la première, de 1852 à 1860, l'empereur gouverna en souverain absolu.

En 1860 et en 1869 la constitution fut légèrement modifiée dans le sens libéral.

A la suite d'un attentat dirigé contre l'empereur par Orsini, en 1858, le gouvernement fit adopter la loi dite de *sureté générale*, qui lui permettait de prononcer la déportation sans jugement : deux mille citoyens suspects furent envoyés à Cayenne ou à Lambessa.

L'année 1860 marqua l'apogée du règne de Napoléon III: l'agriculture et l'industrie encouragées prospérèrent; le commerce prit un essor considérable après la conclusion des traités de commerce signés avec différentes puissances.

Paris fut agrandi, assaini par l'ouverture de larges voies et embelli par la construction d'un grand nombre de monuments; le réseau des routes nationales, des chemins de fer et des lignes télégraphiques fut considérablement augmenté. Duruy, ministre de l'instruction publique, donna une vive impulsion à l'enseignement primaire.

Napoléon III se préoccupa vivement des questions d'assistance publique : des sommes considérables furent consacrées à l'assainissement des maisons d'ouvriers; on créa des médecins cantonaux dans les campagnes; des asiles furent ouverts à Vincennes et au Vesinet pour les ouvriers convalescents; les caisses d'épargne furent multipliées; l'assistance judiciaire accorda aux indigents la gratuité absolue en justice.

Les habitants des campagnes formaient le principal appui de l'empire, aussi Napoléon ne négligea aucun de leurs intérêts et fit tout pour les contenter.

En résumé l'intérêt qu'il portait à l'agriculture, au commerce, à l'industrie, à l'ouverture des grands travaux et à l'instruction ont fait regretter Napoléon.

Mais cet empereur pouvait-il continuer longtemps à faire de si grandes dépenses pour contenter le peuple qui l'avait élu? Non!

Les dettes allaient grossissant et, s'il fut resté quelques années encore à la tête du gouvernement la banqueroute était immanquable en France et la plus grande misère eût assailli notre pays. Croyez qu'en déclarant la guerre à l'Allemagne Napoléon voulait surtout trouver une issue pour sortir du précipice qu'il s'était creusé sous les pieds et qui l'eut infailliblement englouti.

Avant de monter sur le trône Bonaparte avait dit : « L'Empire c'est la paix. »

Son règne fut un long démenti à ses paroles.

La guerre de Crimée, la guerre d'Italie, les expéditions en Cochinchine, en Syrie et à Pékin, la guerre du Mexique et celle de Prusse en 1870 le prouvent surabondamment.

L'absence de plan déterminé, d'esprit de suite, fit que les meilleures de ces guerres ne nous valurent pas des avantages en rapport avec les sacrifices qu'elles avaient coûtés, tandis que celle du Mexique nous coûta cher en hommes et en argent et ne fit qu'amoindrir notre influence dans le monde. Quant à la guerre Franco-Allemande de 1870, elle fut déclarée sans réflexion et les conséquences nous montrèrent comme les empereurs se rendent compte du matériel et des munitions qui se trouvent dans les poudrières et les manufactures de l'État.

Il me suffira de dire que l'alliance faite aujourd'hui entre Bonapartistes et Royalistes qui devraient pourtant beaucoup se détester, les mots prononcés par Paul de Cassagnac, chef de la bande Bonapartiste, s'adressant aux royalistes (unissons-nous pour tuer la République, nous nous battrons après) sont assez clairs pour nous faire comprendre ce qu'on peut espérer d'hommes dont la loyauté se borne à tuer un parti libéral pour faire ensuite entregorger les citoyens qui les auront aidés à accomplir leurs funestes desseins.

Heureusement que les rois et les empereurs ont vécu et que la France n'en verra jamais plus à la tête de son gouvernement.

A vous, d'ailleurs, citoyens, de faire disparaitre pour toujours ces racines d'absolutisme et de donner la vie à un gouvernement tout-à-fait libéral.

LA RÉPUBLIQUE

La République ou Démocratie, la première du mot latin *respublica*, qui signifie que tous les citoyens doivent également participer, dans un gouvernement, à la chose publique, la seconde, de deux mots grecs *démos et kratein* qui signifient que le peuple doit lui-même dicter ses lois, est une forme de gouvernement qui a trois fois existé en France :

1o de 1792 à 1804 ;
2o de 1848 à 1852 ;
3o de 1870 jusqu'à nos jours.

La première République, dite aussi révolution de 1789 est celle qui mit fin à la monarchie absolue, celle qui détruisit tous les anciens principes qui faisaient du peuple une masse d'esclaves, comme on l'a vu d'ailleurs sur l'historique de cette forme de gouvernement. Elle dura environ 12 ans et on lui donna les appellations suivantes : Convention, Directoire et Consulat suivant les noms portés par la première assemblée ou, dans la suite, par les membres du pouvoir exécutif.

La Convention demanda la mise en jugement de Louis XVI qui, à l'unanimité, fut déclaré coupable d'attentat contre la sûreté générale de l'État et de conspiration contre la liberté de la nation.

Malgré les éloquentes plaidoiries de ses défenseurs Tronchet, Malesherbes et Desèze, la peine de mort fut prononcée contre lui, à la majorité.

La mort de Louis XVI produisit une explosion de colère contre notre pays; les souverains étrangers, inquiets pour leurs trônes, se coalisèrent contre la Révolution.

La France était menacée au dehors sur toutes ses frontières : au nord par la Hollande et l'Autriche, à l'est par la Prusse et au sud par l'Espagne.

De grands soulèvements se produisaient en même temps à l'intérieur : un centre insurrectionnel s'établit à Caen pour concentrer les forces de douze départements voisins ; le camp d'une armée qui devait être dirigée sur Paris se forma à Evreux ; Lyon et Marseille se soulevèrent ; 30,000 paysans arborèrent le drapeau blanc dans les Cévènes et s'emparèrent de plusieurs villes menaçant de se joindre aux bretons et aux vendéens déjà soulevés.

On comptait 47 départements ouvertement hostiles au gouvernement. De plus, Paris souffrait de la disette et nos armées manquaient d'habits, d'argent et de vivres.

C'est à ce moment que, la France semblant perdue, Marat s'écria : « Il n'y a plus à reculer, il faut vaincre ou mourir. » La Convention fit face à tous les dangers en déployant une énergie désespérée.

Des mesures rapides et vigoureuses dont l'effet fut de dresser partout des tribunaux et des guillotines pour les suspects (de là le nom de Terreur) rendirent la Convention victorieuse au dedans.

Pour repousser les nations coalisées, le gouvernement décréta la levée en masse : l'élan fut magnifique.

En quelques mois, Carnot, le grand père de notre président de la République, un des principaux membres de la Convention, surnommé l'organisateur de la victoire, mit sur pied quatorze armées formant un total de douze cent mille hommes.

Voici en quels termes le gouvernement d'alors s'adressa à la nation : « La République n'est qu'une grande place assiégée, un immense camp. — Tous les Français sont en réquisition permanente pour le service des armées jusqu'à la libération du territoire ; tous les âges sont appelés : les jeunes gens iront au combat ; les hommes mariés forgeront des armes et transporteront des subsistances ; les femmes feront des tentes, des habits et serviront dans les hôpitaux ; les enfants prépareront de la charpie ; les vieillards se feront porter sur les places publiques pour exciter le courage et la haine des rois ; les maisons sont converties en casernes, les places publiques en ateliers d'armes... »

On fondit des canons avec des cloches ; Berthollet dirigea la fabrication de la poudre ; on imagina les ballons captifs pour observer les mouvements de l'ennemi.

La Convention envoya aussi des représentants aux frontières pour surveiller les généraux et les punir s'ils commettaient des imprudences.

Hoche, Kléber, Marceau, Jourdan et d'au-

tres généraux étaient à la tête de nos armées
et remportaient d'éclatantes victoires dues au
patriotique enthousiasme de nos soldats et
à l'indomptable énergie de la Convention.

La Convention avait trouvé le pays désor-
ganisé, l'Europe en armes contre la France
et elle ne s'était pas découragée un instant.

Après trois ans de lutte contre l'étranger,
contre les factions intérieures et contre elle-
même, elle sut transmettre au Directoire une
France agrandie et fortifiée.

Sans doute elle a employé des moyens ter-
ribles que nos mœurs libérales ne sauraient
approuver ; mais, dit M. Thiers, « les repro-
ches tombent devant ce fait immense : elle
nous a sauvés de l'invasion étrangère ! »

Malgré les luttes héroïques que la Convention avait eu à soutenir contre l'Europe
et contre une partie de la France, cette assemblée a laissé d'utiles institutions parmi
lesquelles il faut surtout citer l'enseignement
national, car c'est à elle que nous devons
les écoles primaires et secondaires qui n'exis-
taient pas avant ce jour.

Le Directoire qui succéda à la Convention était composé de cinq membres nommés
par une Chambre dite des Anciens et relati-
vement semblable à la Chambre du Sénat

actuel. Le Directoire avait le pouvoir exécutif et une autre Chambre, dite des cinq cents, le pouvoir législatif.

C'était un gouvernement régulier succédant à une dictature révolutionnaire, mais il tomba entre des mains débiles ou corrompues qui laissèrent faire le coup d'Etat du 18 brumaire par Bonaparte déjà populaire.

En organisant le Consulat Bonaparte ne laissait à la France que les apparences **de** la liberté, car tous les pouvoirs étaient entre ses mains.

Ayant déjà parlé plus haut de ce Consulat, je me bornerai à vous dire que la Révolution de 1789 remplit les plus belles pages de notre histoire, et que nous devrions tous nous associer aux idées de nos vieux pères républicains qui au moment du danger furent de grands patriotes.

LA DEUXIÈME RÉPUBLIQUE

Louis-Philippe étant tombé avec son ministre Guizot à la Révolution de 1848, pour ne pas avoir voulu accorder au peuple le suffrage universel, la deuxième République fut proclamée en France.

Le gouvernement déclara aussitôt la presse

libre, abolit la peine de mort en matière politique, proclama l'abolition de l'esclavage dans les colonies et établit le suffrage universel. Jusqu'à ce moment, comme je l'ai déjà dit, il fallait payer 200 francs d'impôts pour avoir le droit de voter aux élections des députés.

La République de 1848 rendit électeurs, sans distinction de fortune, tous les citoyens jouissant de leurs droits civils et politiques.

N'eût-elle accompli que ce seul acte, nous devrions être contents.

L'assemblée nommée par le suffrage universel fit la constitution républicaine dite de 1848. Cette constitution confiait le pouvoir législatif à une assemblée unique et le pouvoir exécutif à un président élu aussi par le suffrage universel.

Ce mode d'élection pour le président fut combattu par quelques républicains clairvoyants qui disaient : « Etes-vous sûrs que dans cette série des présidents qui se succéderont tous les quatre ans sur le trône de la présidence, il n'y aura que des républicains empressés d'en descendre ? Etes-vous sûrs qu'il ne s'y trouvera jamais un ambitieux tenté de s'y perpétuer ? »

Cette prédiction n'était pas sans fondement.

En effet : Louis Napoléon, à qui la République venait d'ouvrir les portes de la France, venait d'être élu député dans cinq départements; il avait pour lui un nom resté populaire; il était accepté par les conservateurs comme un défenseur de l'ordre social, et beaucoup d'ouvriers le considéraient comme un réformateur à cause des brochures de politique et d'économie sociale qu'il avait fait paraître. Aussi, fut-il nommé à une grande majorité président de la République. Il prêta, d'ailleurs, le serment de rester fidèle à la République et de défendre la constitution.

Mais quelques années plus tard le président Napoléon visitait la province et s'efforçait d'exciter les sympathies populaires.

De retour à Paris il passait les troupes en revue et était salué par quelques régiments des cris de : « Vive Napoléon ! Vive l'Empereur. ».

Confiant alors dans la popularité qu'il s'était acquise en province, il résolut d'avoir recours à la force pour faire le coup d'Etat du 2 décembre qui devait le faire nommer pour dix ans président de la République française, et bientôt après, empereur.

Ainsi, nos deux premières Républiques furent renversées par deux Bonaparte qui avaient pourtant juré de rester fidèles à cette forme de gouvernement. C'est là que doivent revenir tous les partisans de dictature et si nous ne faisons attention, la République actuelle, subira, elle aussi, le sort des deux autres, et tombera entre les mains qui cherchent à la faire disparaître, pour mettre quoi ou qui à sa place ? — quelque ambitieux comme les Bonaparte.

Citoyens français, ne soyez jamais pour un homme ; soyez pour une forme de gouvernement, si vous voulez éviter les fautes commises dans le passé.

LA TROISIÈME RÉPUBLIQUE

La troisième République proclamée le 4 septembre 1870 fut la conséquence de la guerre Franco-Allemande déclarée très imprudemment par Napoléon III.

Cette République compte jusqu'à nos jours quatre présidences :

1o M. Thiers ; 2o M. de Mac-Mahon, 3o M. Grévy et 4o M. Carnot actuellement en fonctions.

Après la défaite de 1870 qui nous coûta cinq milliards d'indemnité, l'Alsace et la Lorraine, sans compter les dépenses faites pendant cette guerre néfaste, la France épuisée, vaincue, ne sachant que faire dans sa détresse, nomma M. Thiers à la Présidence de la République.

Cet homme éminent eut à réprimer l'insurrection de la commune de Paris, à libérer le territoire des troupes Allemandes qui croyaient la France incapable de payer l'indemnité exigée et pensaient en conséquence séjourner des années dans notre pays.

M. Thiers, dans une situation fort pénible que nos désastres avaient faite à la France employa toutes les ressources de son intelligence au relèvement de la nation et à la réorganisation de notre armée.

M. de Mac-Mahon, promu par une majorité monarchique fit la constitution de 1875 qui est encore à peu près celle d'aujourd'hui, mais qui mérite d'importantes améliorations.

M. Grévy élu Président à deux reprises successives a fait des lois sur l'instruction qui ont rendu l'enseignement gratuit, obligatoire et laïque. C'est aussi sous sa présidence qu'on a fait les expéditions de Tunisie et du Tonkin ; cette dernière qui valut un blâme au ministère Ferry a semé des divisions parmi les républicains.

M. Carnot récemment élu président de la République semble avoir en mains une tâche pénible, car les ministères manquent de cette énergie, de ce prestige et de cet esprit réformateur si nécessaires au moment ou beaucoup de citoyens et même beaucoup de bons républicains sont fatigués d'une République dont les représentants ne veulent que se faire une guerre acharnée et sacrifier à des rancunes personnelles les mandats qui leur ont été confiés par les électeurs

CONCLUSION

Après avoir jeté un regard sur les diverses formes de gouvernement qui ont régi la France, après avoir lu l'historique succint de la Monarchie, de l'Empire et de la République nous voyons que tous les gouvernements ont commis beaucoup de fautes, mais qu'un seul, le gouvernement républicain nous a légué certaines réformes, indispensables pour nous, enfants de la classe laborieuse

Nous devons, en effet, à la république que tous les citoyens soient égaux devant la loi et jouissent des mêmes libertés

Le vote de l'ouvrier, du paysan et du petit commerçant vaut celui d'un noble ou d'un bourgeois. C'est pour cela que nous devrions tous considérer, comme un grand devoir, notre participation aux élections des députés. La classe laborieuse formant la majorité de la population, nous avons droit à des représentants directs et nous pouvons exiger d'eux des mandats qui doivent nous faire sortir de la crise actuelle.

La République, personne ne le contestera, serait la meilleure des formes gouvernementales, si ses représentants étaient réellement dévoués aux intérêts généraux de ceux qui les nomment. Ce qui le prouve, d'ailleurs, c'est que toutes les communautés religieuses, toutes les sociétés ont une constitution républicaine. Partout on nomme des membres pour délibérer, partout on nomme un président pour un certain nombre d'années et nulle part on ne nomme ce président pour la vie, en lui donnant, avant de mourir, le choix de son successeur, ce qui serait une constitution monarchique.

La constitution républicaine est donc véritablement la meilleure.

Mais, me direz-vous, depuis 17 années que la troisième République existe, nous voyons que les réformes promises par chaque législature n'ont jamais été faites et alors qu'est-ce que votre République ? A cela je répondrai avec un écrivain connu : Quoique chaque jour nous constations avec amertume que le gouvernement républicain, celui d'aujourd'hui comme celui d'hier, reste inférieur à sa tâche et oublie qu'il faut au pays une autre satisfaction que le nom seul de la République, qu'il lui faut des réformes capitales qui satisfassent les ouvriers, les paysans et les commerçants, tous ceux qui forment enfin la majorité de la population, et qui gagnent leur nourriture au prix de la sueur; quoique le gouvernement ne marche pas résolument dans la voie lumineuse tracée par la devise républicaine : liberté, égalité, fraternité; quoique ses hésitations et ses lenteurs soient regrettables, ce ne doit jamais être pour les électeurs une raison de revenir à ces régimes de privilège assis sur la violence, où les mitraillades de la rue alternaient avec la confiscation successive de tous les droits restés debout et légués par la première République, ce ne doit jamais être pour les électeurs, veux-je dire, une raison de revenir à un gouvernement monarchique; il faut au contraire trouver et mettre en pratique les moyens qui peuvent nous donner une République qui fera les réformes vainement réclamées depuis longtemps par l'ouvrier et le paysan, par le petit employé et le commerçant.

Ces moyens, que nous exposerons bientôt, feront, je l'espère, en 1889, cette République qui doit anéantir la crise actuelle et faire paraître une ère de bonheur et de prospérité.

LES RÉFORMES

1o Equilibrer le budget et amortir les dettes déjà contractées

Lorsque les dépenses sont plus fortes que les recettes, si un gouvernement ne veut ou n'ose augmenter de nouveau les impôts, il est obligé de recourir aux emprunts; mais trop souvent répétés, ceux-ci sont les avant-coureurs d'une banqueroute d'État qui plonge tout un pays dans la plus profonde misère.

Le premier devoir d'un gouvernement est donc d'équilibrer le budget et d'amortir les dettes déjà contractées.

Il y a dans un gouvernement deux sortes de budget : le budget des recettes et le budget des dépenses.

Le budget des recettes qui s'élève en France à plus de trois milliards est formé au moyen des impôts payés par les propriétaires, des patentes payées par les commerçants et des droits établis sur le vin, l'alcool, le sucre, le café, le poivre, le tabac, etc., etc.

Le budget des dépenses qui s'élève cette année à 3 milliards environ est la somme que le gouvernement prend des mains des contribuables et des commerçants par l'intermédiaire des percepteurs, de la régie, etc. pour la diviser suivant les besoins en lots de diverses valeurs et les donner ensuite aux ministres qui les répartissent aux employés de leur ressort.

Puisque les dépenses sont payées avec les recettes il est facile de reconnaître que tous ceux qui paient des impôts contribuent aux soldes que reçoivent les employés de l'État et que ceux-ci devraient participer au bonheur ou au malheur du peuple.

Il est facile de reconnaître encore que, si les dépenses augmentent, les recettes doivent aussi augmenter, et cela par de nouveaux impôts, directs ou indirects qu'importe, puisque nous sommes toujours condamnés à les payer.

Si au contraire les dépenses diminuaient les recettes ne devraient plus être si fortes et les impôts seraient allégés.

Quelle est d'après cela votre opinion ? — Préférez-vous que le gouvernement fasse beaucoup de dépenses en vous imposant lourdement ou qu'il économise et diminue vos impôts ?

Certes j'en suis convaincu, pas un citoyen issu de la classe laborieuse n'admettra les folles dépenses qui chargent les impôts, mais tous, au contraire, demanderont des économies et sauront les exiger de leurs représentants aux deux Chambres.

Que fait d'ailleurs un pauvre père de famille dont les enfants, tombés malades, travaillaient dans une usine et rapportaient chaque semaine une certaine somme ? — S'il ne veut s'endetter, il restreint les dépenses et au lieu de boire du vin comme jadis, il boit de l'eau ou de la piquette.

Grande famille, dont les enfants trop imposés passent par une terrible crise commerciale, industrielle et agricole, le gouvernement doit, lui aussi, à n'importe quel prix, équilibrer le budget, amortir les dettes et baisser les impôts.

2° Diminution des dépenses par retrait d'emplois et diminution de soldes

Quels seraient les moyens à employer pour arriver à ce but sans ôter à la France le moindre prestige ?

Le gouvernement devrait faire de grandes économies en supprimant beaucoup d'emplois, en diminuant les soldes et les retraites, en faisant une loi qui n'accorderait aux députés, sénateurs et autres fonctionnaires que le complément manquant à leurs revenus pour faire la solde qui leur est accordée actuellement.

Mais, me direz-vous, on ne trouverait plus ni des députés, ni des sénateurs, ni des employés. Détrompez-vous ! aujourd'hui, s'il se produit une vacance, si minime qu'en soit l'emploi, près de cent candidats se présentent au concours. Quant aux députés et sénateurs on en trouverait aussi et cela n'empêcherait pas les pauvres d'aspirer à ces fonctions puisqu'ils recevraient la solde actuelle.

Baissez donc les soldes jusqu'au jour où il n'y aura plus que quatre ou cinq candidats pour un emploi vacant et vous verrez qu'on fera de grandes économies.

Pourquoi d'ailleurs les hommes d'Etat et les employés ne seraient-ils pas astreints à l'économie, lorsque les ouvriers, les paysans et les commerçants sont obligés à les nourrir grassement et condamnés, eux-mêmes, à la maigre chère et à un travail beaucoup plus pénible ? Pourquoi la classe laborieuse se ressentirait-elle seule du malaise actuel ? Pourquoi ceux qui en sont la cause n'en prendraient-ils pas une petite part ?

3º **Assurer à l'ouvrier un travail continuel et suffisamment rémunéré**

La classe ouvrière représente, comme vous le savez, la grande majorité de notre population ; il s'agit en conséquence de s'occuper d'elle en premier lieu, et de rechercher les moyens propres à améliorer sa situation.

Tout ce que demande l'ouvrier se résume en ces quelques mots : Travail continuel et suffisamment rémunéré.

Or pour arriver à ce but il faut diviser les ouvriers en deux catégories bien distinctes : la classe ouvrière des villes et la classe ouvrière des campagnes.

D'où vient que les ouvriers des villes manquent souvent de travail et qu'ils sont presque toujours peu rétribués ?

C'est que les patrons subissent une crise due à l'exportation du capital national et à l'importation du travail étranger.

Si nos députés, plutôt que de se faire une guerre acharnée, s'occupaient à remédier à ces deux causes de crise industrielle, les ouvriers des villes auraient toujours du travail et seraient bien payés.

Et, qui fait vivre les ouvriers des campagnes ?

Ce sont les paysans et les commerçants de la province. Si en ce moment ils ne font pas travailler comme jadis, il faut dire qu'eux-mêmes, ne gagnent pas d'argent et ne peuvent par conséquent en débourser ; ils se privent de bien des choses qu'ils feront travailler le jour où ils gagneront un peu d'argent.

Le travail ne sera donc sûr pour les ouvriers des campagnes que lorsqu'on aura remédié à la triste situation des paysans et des commerçants.

4º Soulager les crises commerciale et agricole en révisant la loi sur l'impôt pour y assujétir les capitalistes et imposer le bétail mort ou vif de provenance étrangère après avoir aboli tout droit sur les blés.

La classe des paysans forme aussi une grande partie de la population et puisque de leur sort dépend celui des ouvriers il ne faut rien négliger pour le rendre meilleur.

Les paysans ne demandent que deux choses : 1º vendre bien et facilement le bétail dont ils font l'élevage et qui est aujourd'hui leur unique ressource ; 2º avoir une réduction dans les impôts.

Faciliter une vente ferme du bétail, est chose facile ; il faut simplement que les députés votent une surtaxe de droits sur tout le bétail mort ou vif de provenance étrangère.

Cinq ou dix centimes de plus par kilo, ce serait insignifiant pour l'acheteur ; tandis que ce léger sacrifice que chacun ferait, serait largement couvert par le bien être qu'il établirait dans les campagnes.

D'ailleurs tout le monde sait qu'on a voté des droits sur l'entrée des blés étrangers croyant secourir les paysans ; eh bien ! je ne suis pas de l'avis de ceux qui ont émis ce vote pour rendre le pain cher ; le paysan ne bénéficie pas du tout de ce grand sacrifice imposé à la clasee ouvrière ; le petit propriétaire vend peu, en effet, ou ne vend pas du tout de blé ; ce ne sont que les grands propriétaires ayant au moins une vingtaine d'hectares de terrain qui ont bénéficié de cette loi dont souffrent les ouvriers.

On oublie trop facilement, quand on est député, que le pain est le principe de la vie et que si l'ouvrier mange peu de viande il doit manger beaucoup de pain.

Il faut donc, en résumé, abolir au plus tôt cette loi du pain cher dont ne bénéficient que les riches propriétaires et élever encore les droits sur le bétail mort ou vif venant de l'étranger, car là seulement est le remède à la crise agricole actuelle.

Quant à la réduction des impôts nous devons l'exiger et la réclamer à grands cris de nos futurs représentants en 1889.

En effet, un paysan à une propriété qui valait, il y a quinze ans, 50,000 francs ; il payait alors un certain impôt, mettons 100 francs ; aujourd'hui cette même propriété n'a plus qu'une valeur de 25,000 francs et l'impôt est d'environ 130 francs.

Est-ce juste que ce propriétaire paie pour une valeur de 25,000 fr. beaucoup plus qu'il ne payait, il y a quinze ans, pour une valeur de 50,000 francs ?

Et pourtant voilà comment, en ce moment, est réparti l'impôt !

D'autre part, un capitaliste possédant 5 millions qu'il placera en achats d'actions et d'obligations pour en retirer un intérêt d'au moins 5 % ne paie aucun impôt quoique cet argent rapporte plus du double que la terre d'une égale valeur ; la terre ne rapporte en effet que 2 %.

Est-ce juste que ce capitaliste de 5 millions ne paie rien tandis qu'un pauvre paysan et un petit commerçant seront accablés d'impôts ?

Et pourtant voilà comment, en ce moment est reparti l'impôt !

Vous pensez tous qu'il est urgent que la Chambre des députés refonde la loi sur la perception des impôts et qu'elle fasse payer au capitaliste comme au paysan et au commerçant, c'est-à-dire que si un propriétaire est condamné à payer 1 franc par mille il en soit de même pour le rentier qu'on a trop longtemps voulu épargner.

Ainsi, le gouvernement aura touché la corde sensible et percevra beaucoup plus qu'en ce moment, après nous avoir largement dégrevés, nous, qu'on accable depuis longtemps.

5º Suppression pour les marchandises des droits d'octroi ou des droits d'entrée.

Quand un paysan ou un commerçant introduit des marchandises dans une ville pour les y vendre, il doit d'abord payer les droits d'octroi et souvent ensuite les droits d'entrée.

Pourquoi ne supprimerait-on pas tous ces droits qui minent les petits propriétaires et les petits marchands, enchérissant, en outre, les marchandises que doivent acheter les citadins.

Les dépenses des villes ne pourront plus être couvertes m'objectera-t-on; mais pourquoi les administrateurs des villes ne pourraient-ils pas se contenter des droits de plaçage, des centimes additionnels, etc. ; pourquoi ne supprimeraient-ils pas une partie du personnel souvent inutile et pourquoi ne feraient-ils pas eux aussi des économies pour soulager le peuple ?

Cela peut se faire malgré toutes les mauvaises volontés car la classe laborieuse est en majorité ; elle n'aura qu'à exiger de ses mandataires la suppression des octrois.

6° Le désarmement général en Europe

Tant que la France, de même que toutes les autres nations, sera astreinte à maintenir sous les drapeaux une troupe aussi forte, tant qu'elle devra réformer les anciennes armes pour en faire de plus perfectionnées, les dépenses seront si grandes que bon gré malgré les citoyens en souffriront.

Quel ne serait pas, en effet, notre bien-être, si au lieu de dépenser près d'un milliard pour les troupes et l'armement on pouvait dire qu'il ne faut plus de soldats, qu'il ne faut plus d'armes parce que désormais il n'y aura plus de guerres.

Cette idée qui dès le premier abord semble plutôt une utopie qu'une pensée juste et réalisable pourrait pourtant devenir un principe dans quelques années.

Pour en arriver là il suffirait que les principales nations de l'Europe fissent entre elles, un traité dont le but serait de supprimer les guerres.

Quand un incident viendrait à se produire entre deux puissances, toutes les autres en seraient instruites et seraient appelées à les juger. Ce serait un nouveau jury qui au lieu de rendre son verdic contre un homme, le rendrait contre une nation.

Les pères et les mères de famille n'auraient plus alors à transpirer un supplément de sueur pour payer les dépenses occasionnées par un gouvernement qui doit toujours être sur le pied de guerre ; ils n'auraient plus à se priver pendant trois ou quatre ans des bras robustes et vigoureux de leurs enfants ; ils n'auraient plus enfin, à pleurer des fils morts sur le champ de bataille.

C'est là une réforme capitale que les députés devraient étudier avec soin, car si elle se réalisait un jour, la misère disparaîtrait à jamais de notre France qui aujourd'hui marche, avec le reste de l'Europe, vers la ruine.

Oui, me direz-vous, nous accepterions le désarmement général si l'Allemagne voulait nous rendre l'Alsace et la Lorraine.

A cela je répondrai : La France fut malheureusement vaincue en 1870 ; l'empereur Guillaume exigea, après la victoire, 5 milliards et deux provinces que nous lui accordâmes (par la force je l'admets) plutôt que de continuer une guerre qui devait devenir pour nous de plus en plus désastreuse.

Mais quand à l'écarté en cinq sec, nous perdons 20 francs, bien qu'avec regret nous les donnions à notre adversaire, nous n'avons plus le droit de les lui réclamer ; on trouverait absurde que le perdant assomât ou cherchât seulement à assomer le gagnant pour lui extorquer la somme perdue.

Il en est pourtant ainsi de l'Alsace et de la Lorraine : nous devons offrir aux Allemands une indemnité en échange des deux provinces et ne plus penser ensuite à la revanche qui doit être la mort pour la nation vaincue et une longue agonie pour celle qui sera victorieuse.

7° Révision de la Constitution

Il y aurait bien d'autres réformes à faire, mais je crois que, si une législature faisait celles que j'ai mentionnées, elle aurait bien mérité du peuple et rehaussé le gouvernement républicain dont on commence à désespérer.

Il faut aussi reconnaître pourquoi les lois utiles mises déjà plusieurs fois en tête des programmes des candidats républicains, n'ont pas été votées.

Posées souvent devant le parlement mais toujours écartées parce qu'elles étaient véritablement démocrates ces propositions doivent leur échec aux députés républicains qui ont été trop divisés jusqu'à ce jour.

Les opportunistes qu'on peut appeler des monarchistes bourgeois, pires presque que les nobles d'autrefois, n'ont jamais voulu faire des concessions aux véritables réformateurs et nous constatons que depuis plusieurs années qu'ils sont au pouvoir ils n'ont rien fait pour le bien-être direct de la classe laborieuse.

Ferry, le chef de cette coterie, s'écriait pourtant un jour que le péril était à gauche; mais aujourd'hui, fixés sur leurs intentions comme sur leurs actes, nous avons le droit de dire bien haut qu'il n'y a qu'un véritable péril, celui de voir l'opportunisme dominer encore dans les Chambres

Malgré les divisions entre monarchistes, opportunistes et radicaux, il est parfois arrivé cependant qu'une loi votée par la Chambre des députés a été rejetée par le Sénat bien qu'elle fut des plus républicaines.

Cette Chambre semble expressément faite pour retarder tout progrès, aussi devrait-on réviser la constitution de 1875 qui est loin d'être une constitution démocrate.

Moyens pour accomplir ces réformes

En résumé, voici le programme réellement démocrate dont la réalisation doit seule être exigée des futurs candidats à la députation en 1889 :

1o Equilibrer le budget et amortir les dettes déjà contractées ;

2o Diminuer les impôts en supprimant beaucoup de dépenses par retrait d'emplois et diminution de soldes ;

3o Assurer à l'ouvrier un travail continuel et suffisamment rémunéré ;

4o Soulager la triple crise agricole, commerciale et industrielle en révisant la loi sur l'impôt pour y assujétir les capitalistes, en imposant davantage le bétail mort ou vif de provenance étrangère et en supprimant tout droit sur les blés ;

5o Suppression des droits d'octroi et des droits d'entrée ;

6o Chercher à s'entendre avec toutes les nations de l'Europe en vue d'un désarmement général ;

7o Révision de la constitution actuelle.

Ne cherchez plus ni des royalistes, ni des bonapartistes, ni des opportunistes, ni des radicaux, cherchez des hommes d'une honorabilité à toute épreuve et s'engageant non seulement à soutenir, mais encore à demander dès la première séance la discussion immédiate de tous les projets de réformes émis dans ce programme.

Dans le cas où vous ne trouveriez dans votre région que des hommes hostiles à ces réformes, abstenez-vous de voter, car en les nommant députés vous n'aurez trouvé aucun remède à votre situation, mais au contraire vous l'aggraveriez énormément.

En finissant je tiens à vous faire part d'un article signé A. B. fait dans une feuille opportuniste immédiatement après les élections de 1885.

« De la conduite que vont tenir les élus républicains, les défenseurs du gouvernement, de leur attitude et de leurs résolutions dépendent les destinées de notre pays.

» Quoi qu'en disent les ennemis de nos institutions, c'est-à-dire les ennemis de toute réforme et de toute liberté, notre peuple n'est point réduit à l'état de grenouilles demandant un roi. Il entend conserver son indépendance et jouir en paix des glorieuses conquêtes politiques faites par nos pères en 1789.

» Le suffrage universel a pu, en partie, être égaré au mois d'octobre, trompé par des détracteurs dont le rôle est toujours aisé, attendu que nul n'est content de son sort ; mais après qu'ils ont en certaines contrées, exprimé leur mécontentement, les électeurs ont réfléchi aux promesses qui leur ont été faites, et il est aisé de leur prouver que seuls les représentants républicains sont en mesure de tenir parole. Pour cela l'union des nôtres est indispensable, et nous avons l'espérance qu'elle se fera dès le début de la session parlementaire.

» Le pays a bien réellement le désir de voir s'accomplir de nouvelles réformes. Tous réclament une politique pratique, une politique d'affaires. Chacun comprend que si le gouvernement n'agit pas avec autant d'habileté que de vigueur, notre prospérité commerciale, déjà compromise, le sera davantage, et que peu à peu, selon le vœu et l'expression de Bismark nous cuirons dans notre jus.

» Que ces questions soient examinées avant les autres qui n'offrent, selon nous, qu'un intérêt secondaire. Il faut aller au plus pressé et ne songer qu'aux affaires, c'est-à-dire, nous le répétons, aux questions commerciales et agricoles.

» Le malaise de ceux qui vivent de la terre est commun sans doute à tous les peuples d'Europe, mais il n'est pas moins vrai qu'on peut chez nous y apporter quelque remède. En dehors de ce qui intéresse les paysans et les ouvriers, c'est-à-dire, l'immense majorité du peuple, rien ne saurait et ne devrait en ce moment nous intéresser.

» Les républicains le comprendront et éviteront sans nul doute les autres discussions. Qu'est-ce que la mairie de Paris ou la préfecture de police, à côté de ces intérêts primordiaux, dont on se doit préoccuper avec passion si l'on ne veut courir le risque de s'épuiser, de se discréditer en débats irritants et stériles ?

» Et qui donc, parmi nous, refuserait de travailler à cette tâche, la plus grande et la plus noble qui ait jamais existé ! »

Vous pouvez constater que les promesses de l'opportunisme, il y a bientôt quatre ans étaient séduisantes, que ses paroles étaient belles, mais qu'avons nous eu en définitive?

Rien — Rien — Rien.

Allons! les beaux parleurs, résignez-vous? si votre règne marche vers son déclin vous l'aurez bien voulu.

Tous les qualificatifs des diverses coteries doivent disparaître en 1889 ; on ne doit plus

voir que celui-ci annulant tous les autres :
Les amis des grandes réformes à réaliser immédiatement

Vive la France !

Vive la République véritablement démocrate !

Vivent les réformes !

LA CONSTITUANTE DE 1889

Puisque la Chambre des députés a reconnu
la nécessité de réviser la constitution actuelle,
puisque le peuple même demande avec opi-
niâtreté par l'intermédiaire du général Bou-
langer cette révision, et puisqu'enfin la com-
mission nommée par la Chambre a voté pour
une Constituante dont les membres seraient
directement nommés par le suffrage universel, il me semble nécessaire afin d'éclairer la
classe laborieuse sur ce mot de le définir et
de donner l'historique des diverses constitutions qui ont existé dans notre pays.

On appelle Constituante une assemblée
chargée de donner à un pays une forme gouvernementale quelconque basée sur certains
principes qui deviennent inviolables jusqu'au
jour où une nouvelle assemblée, nommée à
cet effet, les abroge ou les modifie.

CONSTITUTION DE 1791

En 1789 Louis XVI convoqua les États généraux pour obtenir des ressources qui lui étaient indispensables.

Les États généraux comprenaient alors 1145 députés dont 591 représentant le clergé, 270 la noblesse et 584 le Tiers État ou, autrement dit, la classe laborieuse.

Cette assemblée se réunit à Versailles le 5 mai 1789.

Dès le début la lutte s'engagea sur la question de savoir si on voterait par ordre ou par tête. Ayant toutes les raisons pour être d'accord et se trouvant en minorité devant le Tiers État qui ne partageait nullement leurs opinions, le roi, la noblesse et le clergé, auraient voulu le vote par ordre; mais sur la proposition de Sieyès, le Tiers État déclara qu'il représentait la nation et il se constitua en Assemblée nationale.

Après le serment du Jeu de Paume, après cette belle et audacieuse réponse de Mirabeau à un employé du roi « dites à votre maître que nous sommes ici par la volonté du peuple et que nous n'en sortirons que par la force des bayonnettes » plusieurs membres du clergé et de la noblesse abdiquèrent leurs prétentions et s'unirent au Tiers.

Le roi lui-même dut céder et l'Assemblée nationale ajouta à son nom celui de Constituante.

Cette assemblée vota l'abolition des droits féodaux, l'égalité devant la loi et devant l'impôt, l'admissibilité de tous les citoyens aux emplois. Elle donna le pouvoir législatif à une assemblée unique et permanente qui devait avoir l'initiative des lois et devait être réélue tous les deux ans. Le roi ne pouvait plus annuler, mais il pouvait suspendre pendant 4 ans les lois qu'il devait faire exécuter.

Cette assemblée se sépara après avoir adopté la *Déclaration des droits de l'homme* qui contient les principes de 1789 et après avoir commis une grande faute en décidant qu'aucun de ses membres ne pourrait faire partie de la nouvelle Chambre. Elle avait aussi, il ne faut pas l'oublier, accordé au roi le pouvoir exécutif avec un traitement de 25 millions; elle l'avait rendu irresponsable et inviolable mais il devait gouverner avec des ministres responsables.

Cette constituante avait fait en deux ans d'immenses réformes politiques et administratives, financières et ecclésiastiques, judiciaires et sociales.

CONSTITUTION DE 1793.

La Convention élabora en 8 jours la constitution démocratique de 1793 et la soumit à l'acceptation des assemblées primaires. Les constituants de 1789 comparés à ceux de 1793 passaient pour des aristocrates. La loi que les premiers avaient établie, était en effet, considérée comme une infraction aux droits du peuple; car elle imposait des conditions pour l'exercice des droits politiques; elle ne consacrait pas l'égalité absolue; elle faisait nommer les députés et les magistrats par les électeurs, et ces électeurs par le peuple; elle bornait en certains cas la souveraineté nationale, excluant une partie des citoyens actifs des grandes fonctions publiques et les prolétaires des fonctions de citoyens actifs; enfin, au lieu de fixer pour base unique des droits la population, elle la combinait dans toutes ses opérations avec la fortune. La loi constitutionnelle de 1793, au contraire, établissait le pur régime de la multitude. Elle reconnaissait le peuple comme la source de tous les pouvoirs et comme le véritable souverain. Tous les fonctionnaires devaient être déchus même pour des fautes légères. Les électeurs devaient contrôler les actes des députés.

Si cette constitution véritablement démocrate fut impraticable dans un moment où nous avions à faire face à toute l'Europe coalisée et où le peuple était encore trop ignorant, il n'en est pas moins vrai qu'aujourd'hui tout le monde la veut parce que c'est la seule qui nous fera marcher vers le progrès.

CONSTITUTION DE L'AN III.

Après la terreur, lorsque Robespierre eut expié ses crimes en laissant sa tête sur l'échafaud, la Convention voulut, avant de se dissoudre, promulguer une nouvelle constitution qualifiée de l'an III.

Par cette constitution le pouvoir légistatif appartenait à deux conseils, l'un dit des cinq cents et l'autre des anciens. Le pouvoir exécutif était confié à cinq directeurs qui ne s'entendirent jamais.

CONSTITUTION DE L'AN VIII.

Sieyès avait préparé avec soin une constitution qui devait écarter à la fois les dangers de l'anarchie et ceux du despotisme. Il voulait à la tête un grand Électeur simplement chargé de représenter le gouvernement. Le pouvoir aurait été confié à deux consuls, l'un pour l'intérieur, l'autre pour l'extérieur.

Mais Bonaparte remania ce bon projet et remplaça le grand Électeur par un premier consul qui eut tous les véritables pouvoirs. Cette constitution, dite de l'an VIII, n'avait que les apparences de la liberté, car le pouvoir exécutif était tout entier entre les mains du premier consul. Le pouvoir législatif avait une organisation très compliquée et le peuple ne prenait qu'une part bien indirecte dans la nomination de ses représentants. Cette constitution soumise à l'acceptation du peuple réunit plus de 3 millions de voix contre 1567 opposants.

Si la classe laborieuse ne comprit pas qu'elle venait de commettre une grande faute, par un vote inconscient qui la ramenait à l'esclavage elle dut bientôt après reconnaître son erreur.

CONSTITUTION DE L'AN XII.

La constitution de l'an XII proclamait Napoléon empereur et déclarait la dignité impériale héréditaire.

Le peuple appelé de nouveau à se prononcer acceptait cette constitution par 3 millions et demi de suffrages. Ebloui par la popularité dont jouissait Bonaparte, il n'hésita pas a lui confier ses déstinées qui pour avoir été longtemps brillantes n'en furent plus tard que plus tristes et plus désastreuses comme nous l'avons d'ailleurs vu en lisant l'historique du premier empire.

CONSTITUTION DE 1875

Je laisserai parler Rambaud :

« C'est la meilleure de nos constitutions ; elle est républicaine et démocratique. Le chef de l'Etat, c'est-à-dire le Président de la République, est élu par les deux Chambres réunies en congrès et la durée de son pouvoir est limitée à sept années. Le Sénat est élu par les délégués des villes et des villages de France, et le mandat de ses membres est limité à neuf ans. La Chambre des députés est élue par le suffrage universel et son mandat dure quatre ans.

» Ainsi cette constitution est sage entre toutes ; les évènements l'ont prouvé, d'ailleurs. Les auteurs étaient persuadés qu'un peuple est autre chose qu'une réunion d'individus : ils ont voulu que la commune, considérée comme unité administrative, ait sa part dans la représentation nationale. Et les deux Chambres devant représenter la vie sociale sous deux aspects différents, il faut, pour donner à chacune d'elles son caractère propre, deux collèges électoraux distincts : l'une sera nommée par le suffrage universel ; l'autre par les délégués des conseils municipaux.

» Quoi de plus prudent, de plus propre à assurer la stabilité du gouvernement républicain ? Les deux Chambres sont différentes par l'origine, par les tendances : c'est leur raison d'être. Des deux conditions de toute société, l'ordre et le progrès, le Sénat doit représenter surtout la première, la Chambre des députés a seconde.

» D'ailleurs c'est en réalité du suffrage universel, c'est-à-dire de la nation elle-même, que sortent directement ou indirectement tous les pouvoirs publics ; les députés en sortent directement et les sénateurs indirectement ; de plus, le Président étant élu par les députés et les sénateurs, et les ministres étant nommés par lui sur la désignation des députés on voit que président et ministres sont également, quoique indirectement élus par le peuple.

» C'est seulement depuis 1875 que la souveraineté nationale appartenant à l'universalité des citoyens et proclamée en 1789 s'exerce effectivement. Avant d'en venir là par quels tâtonnements, par quelles erreurs, par combien d'essais de constitutions, par combien de révolutions et de contre révolutions n'avons-nous pas dû passer ! La Constitution que nous

pratiquons aujourd'hui est la dix-septième
qui ait été promulguée depuis bientôt cent ans.

» La souveraité nationale a été confisquée
tantôt par le despotisme d'un individu comme
au temps de Napoléon Ier ou de Napoléon III,
tantôt par la dictature d'une assemblée, comme
au temps de la Convention. Voilà la première
fois qu'elle s'exerce librement, régulièrement,
pleinement. »

Bien que cette constitution soit très avan-
tageuse pour assurer la stabilité du [gouver-
nement républicain, pour empêcher les
despotes et les dictateurs de confisquer par
un coup d'État la souveraineté. nationale,
nous ne pouvons cependant pas admettre
qu'elle soit parfaite, car tout ce que nous
voyons depuis plusieurs années suffirait d'ailleurs surabondamment pour nous démentir.

Que manquerait-il donc à cette constitution
pour qu'elle fut l'idéal de la majorité de la
nation ?

D'abord nous constatons que les députés et
les sénateurs nous font tous de belles promesses au moment des élections, mais que
sitôt élus, ils semblent les avoir complétement
oubliées. Ensuite nous voyons que les dépenses faites par les candidats contribuent aussi
beaucoup à leur succès et que dès lors ceux
qui n'ont pas de fortune et ne sont pas poussés

par un comité quelconque sont presque sûrs
de leur échec bien que leur programme soit
dix fois plus démocrate que celui des concur-
rents. Pour obvier à ces deux choses presque
aussi nuisibles l'une que l'autre à la réalisation
des réformes que j'ai énumérées plus haut, il
faudrait que les députés et les sénateurs fussent réélus tous les deux ans par moitié; une
partie de la France élirait chaque année à tour
de rôle les candidats et l'autre aussi afin qu'il
restât toujours au parlement un nombre
suffisant de membres.

Ainsi les électeurs pourraient compter sur
le concours des candidats aux deux Chambres
car les députés et les sénateurs sachant qu'ils
devraient rendre compte de leurs mandats en
peu de temps feraient le possible pour mériter
la confiance du peuple qui pourrait autrement
les remplacer; ainsi les rênes du pouvoir
pourraient aussi passer dans les mains des
êtres intelligents de la classe laborieuse, car
si tous les deux ans il fallait dépenser des
sommes comme on le fait aujourd'hui au
moment des élections, nous verrions beaucoup
de candidats ou se ruiner ou mis à la même
échelle que ceux qui n'ont pas de fortune. Or
il ne faut pas oublier que, tant que la bour-
geoisie nous dominera, les réformes seront
lentes, si le peuple ne sait pas employer les

bons moyens. Le peuple doit donc demander ce mode d'élections.

Les affaires Wilson et Gilly, quoique différentes, nous montrent de leur côté aussi ce qui manque à la constitution actuelle.

Il faudrait que le Président de la République, les sénateurs, les députés et tous les hauts fontionnaires des diverses branches de l'administration fussent complètement responsables de leurs actes et pour cela un tribunal spécial dont les membres ne pussent être fonctionnaires de l'Etat serait indispensable.

Ces membres seraient pris en nombre limité dans chaque département et seraient nommés par le suffrage direct du peuple.

Ce tribunal serait compétent pour invalider tous les hauts employés et fonctionnaires de l'Etat qui commettraient des délits ou des infractions aux lois ; il pourrait en outre leur infliger toutes les peines mentionnées dans le code pénal.

Alors ce ne seraient plus des juges plus ou moins partiaux qui seraient appelés à venger le gaspillage des deniers de l'Etat ; ce serait le peuple lui-même qui condamnerait par ses mandataires tous ceux qui, profitant de leur haute position, en useraient ou pour spolier le trésor rempli des sueurs du commerçant, de l'ouvrier et du paysan ou pour commettre des injustices.

Il faudrait encore que le pleuple seul fût compétent pour les lois d'importance telles que la séparation de l'Eglise et de l'Etat, pour une déclaration de guerre Européenne ou une expédition lointaine. Le gouvernement devrait en appeler au réferendum du peuple pour tout ce qui est un peu grave.

Voilà en quoi la constitution de 1875 devrait être révisée. Si les électeurs veulent comprendre l'importance de ces quelques modifications ils ne voteront que pour les candidats qui les promettront, car, comme je l'ai déjà dit, il n'y aura plus alors la crainte d'un coup d'Etat, ni celle des gaspillages, ni celle de la mauvaise volonté, ni celle des injustices.

Vous exigerez donc des candidats de 1889 au sujet de la constitution :

1° la réduction à deux ans des mandats de sénateur et de député ;

2° la responsabilité complète des haut fonctionnaires de l'Etat ;

3° la création d'un tribunal dont les membres, pris dans chaque département, seront appelés à juger tous les hauts fonctionnaires et pourront les destituer et même les condamner à toutes les peines mentionnées sur le code pénal.

4° l'établissement du referendum pour toutes les lois ou décrets d'une grande importance.

Si ce livre est lu par les ouvriers, les paysans et les commerçants auxquels il est surtout dédié, nous espérons qu'il portera son fruit.

FIN.

Pau. — Imp. G. CAZAUX, 11, rue de la Préfecture.